Magdalena Guiaro-Jullien

Schneiden & Malen üben für die Schule

Sofort einsetzbare Übungen zur Feinmotorik

Auer Verlag GmbH

Das Original ist unter dem Titel *Graphismes et découpages* im RETZ Verlag erschienen.

Titre original de l'oeuvre: *Graphismes et découpages*
publiée par RETZ, Paris

Gedruckt auf umweltbewusst gefertigtem, chlorfrei gebleichtem
und alterungsbeständigem Papier.

2. Auflage 2010
Nach den seit 2006 amtlich gültigen Regelungen der Rechtschreibung

Illustrationen: Marianne Dupuy-Sauze
Übersetzung: Monika Weishaupt
Umschlaggestaltung: glas ag, Seeheim-Jugenheim
Satz: Fotosatz H. Buck, Kumhausen
Druck und Bindung: Köppl und Schönfelder OHG, Stadtbergen
ISBN 978-3-403-0**6124**-3

www.auer-verlag.de

Inhaltsverzeichnis

Pädagogischer Leitfaden

Das vorliegende Arbeitsbuch bietet viele spielerische und motivierende Arbeiten für Kinder. Diese fördern ihre Geschicklichkeit und Fingerfertigkeit durch das genaue Ausschneiden von einfachen oder komplizierten Formen, ihre Ausdauer (eine angefangene Collage muss fertig gestellt werden), ihre Beobachtungsgabe durch die Analyse einer nachzuarbeitenden Vorlage, und ihre Kreativität durch die freie Gestaltung einer Arbeit.

Für die Schneide- und Klebearbeiten ist es wichtig, dass jedes Kind eine gute Schere (eine Linkshänder-Schere für Linkshänder) und Klebstoff zur Verfügung hat. Dafür bietet sich sowohl ein Klebestift als auch Flüssigkleber an. Wenn eine Schere nicht mehr gut schneidet, können Sie diese mit Azeton reinigen, um Klebstoffreste zu entfernen.

Um Verletzungen zu vermeiden, sollten Sie Regeln festlegen, wie die Kinder die Schere tragen sollen, wenn sie sich durch den Raum bewegen, nämlich die geschlossene Schere mit der ganzen Hand umschlossen.

Versuchen Sie, eine sorgfältige Arbeitsweise einzuführen:

- Während des Ausscheidens legt jedes Kind die ausgeschnittenen Teile in eine Schale, damit sich die Teile nicht mit denen des Nachbarn vermischen oder verloren gehen.
- Wenn alle Teile ausgeschnitten sind, werfen die Kinder alle Papierabfälle weg, sowohl diejenigen auf dem Tisch als auch diejenigen, die auf den Boden gefallen sind.

In einer Ecke des Raums können Sie eine Schneide- und Klebewerkstatt einrichten. Dort können Sie verschiedene Papiersorten in unterschiedlichen Formaten und Farben, Zeitschriften, die zerschnitten werden können, und unterschiedliche Materialien zum Aufkleben anbieten. In dieser Ecke können auch die Arbeiten des Monats ausgestellt werden. Sie können in einem Ordner einige Arbeiten der Kinder in Prospekthüllen sammeln, die den anderen Kindern als Vorlage dienen.

Als Anregung für die Bastelarbeiten können Sie sich mit den Kindern Bilderbücher ansehen, deren Illustrationen Collagen sind.

Tipp

So können Sie die Collagen stabiler machen:
Kopieren Sie die Bastelvorlagen auf Tonpapier oder dünnen Karton. Dadurch werden die ausgeschnittenen Teile stabiler.

Das Ausschneiden ermöglicht es Ihnen, jedes Kind eigenständig arbeiten zu lassen, um dann die verschieden gestalteten Teile zu einem gemeinsamen Plakat zusammenzufügen. Übertragen Sie dafür einer Gruppe die Aufgabe, die Collage zu gestalten und die ausgeschnittenen Teile auf ein großes Blatt zu kleben.

Tipp

Verwenden Sie Sprühkleber und Klarlack!
Wenn Sie wiederablösbaren Sprühkleber verwenden, lassen sich die Collagen nochmals verändern. Mit einem Lackanstrich können Sie schließlich die aufgeklebten Teile fixieren.

Für die zeichnerischen Arbeiten hat es sich bewährt, den Kindern eine Vorlagensammlung zur Verfügung zu stellen. Diese kann zum Beispiel verschiedene auf Karton gezeichnete Vorlagen von Figuren (Spirale, Stern, Kreis, Quadrat etc.) oder Figurenkombinationen enthalten. Die Kinder können sich dort Anregungen für ihre eigenen Collagen holen.

Gestaltung der ersten gemeinsamen Arbeitsstunde

In der ersten gemeinsamen Arbeitsstunde hängen Sie am besten die Bastelvorlage Nummer 1 im Format DIN-A3 auf. Nennen Sie in diesem ersten Schritt noch nicht den Titel der Bastelvorlage, da dieser den Kindern bereits eine Lösung vorgeben würde. Lassen Sie die Kinder das Arbeitsblatt betrachten und beschreiben. Fragen Sie die Kinder, was aus dieser Vorlage gemacht werden könnte. Die Kinder werden sicherlich vorschlagen, eine Mauer, einen Zierstreifen oder Fantasietiere daraus zu gestalten. Hierzu können Sie zum Beispiel an jede Form einen Kopf, Pfoten und einen Schwanz hinzufügen und so ein Tier gestalten. Sie können gemeinsam einen Vorschlag der Kinder verwirklichen und den Kindern anschließend andere Gestaltungsmöglichkeiten derselben Vorlage aufzeigen.

Tipp

Vergrößern Sie die Vorlagen (S. 8 bis 24)!
Die Vorlagen sind in diesem Arbeitsbuch auf einer viertel oder auf einer halben Seite abgebildet. Es bietet sich an, die Vorlagen auf das Format DIN-A4 oder DIN-A3 zu vergrößern. So können Sie diese besser aufhängen und mehrere Kinder gleichzeitig an einer Vorlage arbeiten lassen.

Anschließend hängen Sie eine Musterarbeiten in Großformat auf. Orientieren Sie sich bei der Farbgebung an der Anleitung. Zu diesem Zeitpunkt kennen die Kinder die Anleitung noch nicht. Nun hängen Sie die dazugehörige Vorlage ebenfalls auf. Betrachten sie diese gemeinsam und überlegen Sie zusammen mit den Kindern, wie die jeweiligen Arbeitsschritte aussehen könnten.

Erläutern Sie danach den Titel der Bastelvorlage und geben den Kindern die genaue Arbeitsanleitung. Geben Sie jedem Kind eine Bastelvorlage und bitten Sie ein Kind die Arbeitsanweisung zu wiederholen.

Während des Bastelns, sollten Sie sich immer wieder vergewissern, ob die Kinder die Arbeitsanweisungen verstanden haben und sie die Reihenfolge der Arbeitsschritte einhalten.

Bei einigen Arbeitsblättern empfiehlt es sich, die Kinder die Vorlagen zuerst bemalen und verzieren zu lassen und sie die Teile danach ausschneiden zu lassen.

Tipp

Variieren Sie die Arbeitsformen!
Gruppenarbeit: Alle Kinder arbeiten gleichzeitig an derselben Bastelvorlage.
Kleingruppen: Sie teilen die Kinder in verschiedene Gruppen auf. Jede Gruppe arbeitet mit einer Bastelvorlage.
Einzelarbeit: Sie lassen die Kinder zwischen verschiedenen Bastelvorlagen wählen und leiten Sie sie an, die Vorlagen zu bearbeiten.

Zusätzliche Arbeitshinweise

Die Orte

1 Der japanische Garten

Vor der Bearbeitung der Bastelvorlage:
Zeigen Sie den Kindern ein mit Sand bedecktes Tablett und ordnen Sie darauf Kieselsteine an. Nun zeichnen Sie mit der Fingerspitze zwischen den Kieselsteinen Wege. Anschließend stellen Sie den Kindern Tabletts, Sand und Kieselsteine zur Verfügung und leiten sie dazu an, selbst mit Sand und Steinen Gärten zu gestalten.
Danach kann jedes Kind mit Bleistift einen japanischen Garten zeichnen.

2 Die Landschaft

Nach der Bearbeitung der Bastelvorlage:
Gestalten sie gemeinsam mit den Kindern eine Landschaft auf einem dünnen Karton. Dazu können Sie zum Beispiel Stoffstücke aufkleben, die Gras, Bäume oder Felder etc. darstellen, und Spielzeug (Lastwagen, Personen, Züge ...) auf der Landschaft anordnen.

3 Die Burg

Vor der Bearbeitung der Bastelvorlage:
Bauen Sie zusammen mit den Kindern eine Burg aus Holzbauklötzen. Anschließend kann jedes Kind eine Burg nach diesem Modell zeichnen.

4 Das Musterhaus

Nach der Bearbeitung der Bastelvorlage:
Betrachten Sie mit den Kindern Bilder von Häusern, zum Beispiel ein skandinavisches Dorf mit bunt bemalten Häusern.
Lassen Sie jedes Kind ein Haus gestalten. Zum Bekleben der Häuserfassaden schneiden Sie buntes Papier (Tapete und anderes Papier) zu. Zusätzlich können die Kinder gemalte und andere ausgeschnittene Elemente aufkleben.
Planen Sie in jedem Haus ein Fenster in der Größe eines Passfotos ein. Schneiden Sie mit einem Cutter das Fenster aus, sodass man es öffnen kann und darin das Fotos oder das Mini-Selbstporträt des Kindes, welches das Haus gestaltet hat, einfügen kann.
Danach können Sie alle Häuser zu einem Dorf zusammenfügen.

5 Im Garten

Vor der Bearbeitung der Bastelvorlage:
Lassen Sie die Kinder Blumen, Obst, Gemüse, Bäume etc. aus einem Gartenkatalog ausschneiden. Anschließend können Sie die Kinder, dazu anleiten, die Teile frei auf ein weißes Papier zu kleben und daraus einen Garten zu gestalten.

6 Das Prinzessinnen-Schloss

Als Ergänzung:
Leiten Sie die Kinder dazu an, einen Ritter auf seinem Pferd zu zeichnen, diesen auszuschneiden und vor das Schloss zu kleben. Danach kann jedes Kind das Schloss, die Prinzessin und den Ritter malen und sich das Gespräch zwischen dem Ritter und der Prinzessin vorstellen.
Erweiterung:
Lesen Sie den Kindern das Märchen von Dornröschen vor.

7 Das Bergdorf

Andere Vorgehensweise:
Bereiten Sie eine Pappe vor, an deren Oberseite Sie die Umrisse einer Bergkette ausschneiden. Diese händigen Sie den Kindern aus und leiten sie dazu an, die ausgeschnittenen Elemente der Bastelvorlage frei auf den Karton zu kleben. Nun können Sie den Kindern einen Streifen Butterbrotpapier geben, auf den sie mit Wachskreide den Himmel mit Vögeln und der Sonne etc. malen. Das Butterbrotpapier wird dann hinter die Bergkette geklebt, um die Landschaft zu vervollständigen.

8 Der Wald

Andere Vorgehensweise:
Mit Butterbrotpapier und Bleistift paust jedes Kind den Baum mit Stamm und Blattwerk seiner Vorlage ab, um daraus mehrere Bäume zu gestalten. Die abgepausten Bäume werden mit verschiedenfarbigen Wachskreiden ausgemalt, danach ausgeschnitten und auf ein gemeinsames Poster aus Karton geklebt, um einen Wald zu gestalten.

9 Das Meer

Andere Vorgehensweise:
Kopieren Sie die Bastelvorlage auf fünf starke Pappen. Schneiden Sie nun die Elemente, die als Schablone dienen, aus. Leiten Sie die Kinder dazu an, die Elemente nachzumalen, auszuschneiden und auf ein großes blaues Blatt zu kleben.

10 Das Spuk-Schloss

Als Zusatz:
Sie können ein Spuk-Zimmer gestalten, indem Sie die Bastelvorlage als Anregung nutzen und daraus Mobiles basteln. Zudem können sie mit schwarzer Tusche Spinnennetze auf Butterbrotpapier zeichnen und an die Fenster kleben.

11 Die eingerollte Schlange

Als Zusatz:
Sie können auch eine Riesen-Boa zum Aufhängen basteln. Lassen Sie dazu jedes Kind eine Figur auf der Schlangenhaut dekorieren. Die Teile werden dann zusammen auf eine gemeinsame große Boa geklebt.

12 Die lange Schlange

Als Zusatz:
Als zusätzliche Aktivität können Sie die Bastelvorlage auf DIN-A3 vergrößern und auf einen Karton kleben. Betrachten Sie gemeinsam die von den Kindern gestalteten Schlangen und regen sie die Kinder dazu an, die Muster aus ihren Schlangen in den vergrößerten Schlangen wiederzufinden. Weisen Sie die Kinder auch darauf hin, dass es Muster gibt, die bei jeder Schlange an der gleichen Stelle auftreten und lassen Sie die Kinder danach suchen.

13 Die lange Raupe

Als Zusatz:
Als Alternative können Sie nach demselben Prinzip einen Zug gestalten. Dafür lassen Sie jedes Kind einen Waggon basteln.

14 Die Krokodilszähne

Als Zusatz:
Lassen Sie eine Gruppe Krokodil-Köpfe malen, während die andere Gruppe Krokodil-Körper malt. Anschließend können die Kinder ihre Teile ausschneiden und jeweils mit einem passenden Teil eines anderen Kindes zusammen aufkleben.

15 Das runde Schwein

Als Zusatz:
Regen Sie die Kinder dazu an, nach dem gleichen Prinzip zum Beispiel einen Elefanten zu malen, der ebenfalls von vorne zu sehen ist.

16 Das gestreifte Zebra

Als Zusatz:
Wenn alle Zebras fertig gestellt sind, können Sie eine Schnur quer durch das Zimmer spannen. Daran können Sie die Zebras aufhängen, indem Sie die Schnur durch den Falz ziehen, die Hufe der Zebras zusammenkleben und Sie dann gleichmäßig über die Schnur verteilen.

17 Die Wolken-Schafe

Als Zusatz:
Eine schöne Dekorationsidee ist es, die Kinder Wolken-Gebilde ausschneiden zu lassen. Bieten sie ihnen dazu verschiedene Papiersorten an: Strukturtapete, Alufolie oder Glanzpapier. So können Sie das Zimmer mit Wolken-Schafen dekorieren.

18 Die Kuh ohne Flecken

Als Zusatz:
Lassen Sie jedes Kind mit Filzstiften die Teile seiner Kuh mit unterschiedlichen Farben ausmalen. Anschließend kann jedes Kind die Teile ausschneiden, zusammenfügen und seine Kuh auf einem großen grünen Karton aufkleben. So entsteht eine Kuhweide im Gruppenraum.

19 Das hüpfende Küken

Als Zusatz:
Sie können mit den Kindern nach demselben Prinzip einen Frosch basteln, der hinter einer Seerose hervorschaut, oder auch einen Clown, der aus einer Schachtel springt.

20 Die Feldmaus

Vor der Bearbeitung der Bastelvorlage:
Sehen Sie sich gemeinsam mit den Kindern Bilderbücher und Sachbücher über Mäuse an. Lassen Sie die Kindern Mäuse malen. Sehen Sie sich danach mit den Kindern Bilderbücher von Léo Léonie an, in denen Mäuse als Collagen dargestellt sind. Die Kinder können sich aus den Bilderbüchern Ideen holen.

21 Der Vogelbaum

Weiterer Vorschlag:
Als Tür-Dekoration können Sie gemeinsam mit den Kindern einen Schmetterlingsbaum gestalten. Dazu denkt sich jedes Kind einen Schmetterling aus, malt diesen auf einen geblümten Stoff und schneidet ihn aus. Sie können den Stamm aus verschiedenen aufgeklebten Stoffstücken gestalten.

22 Das Überraschungsei

Als Zusatz:
Zum Muttertag können Sie mit den Kindern auf die gleiche Weise eine Karte gestalten. Dabei stellt die ovale Form ein Gesicht dar, das sich öffnen lässt. In der Mitte erscheint nun das Selbstporträt des Kindes und an den Seiten ein Gedicht.

23 Der Drachen-Dino

Weiterer Vorschlag:
Anstatt die Schuppen zu zeichnen, können die Kinder sie aus Buntpapier ausschneiden und aufkleben.

24 Der Feuerdrache

Vor der Bearbeitung der Bastelvorlage:
Die Kinder denken sich einen chinesischen Drachen aus und malen ihn. Dabei können sie die Konturen mit schwarzer Tusche zeichnen und den Drachen anschließend mit Wachskreiden ausmalen.

Die Personen

25 Der große lachende Clown

Andere Vorgehensweise:
Basteln Sie mit den Kindern Hampelmänner. Hierzu vervollständigen Sie die Kopiervorlage 25a. Lassen Sie die Kinder einen Körper, Arme und Beine malen und ausschneiden. Diese werden mit Musterklammern aneinander geheftet. Die Kopiervorlage 25b benötigen Sie für den Hampelmann nicht.

26 Die Akrobaten

Als Zusatz:
Sie können mit den Kindern eine Zimmer-Dekoration basteln. Hierzu leiten Sie die Kinder an, ein Ganzkörper-Portrait von sich zu malen. Anschließend lassen Sie die Kinder ihre Portraits ausschneiden und daraus eine Akrobaten-Pyramide gestalten.

27 Mann und Frau

Als Zusatz:
Basteln Sie mit den Kindern nach dem gleichen Prinzip Lesezeichen. Dazu stellen Sie jedem Kind eine bereits ausgeschnittene Körperform zur Verfügung. Nun lassen Sie die Kinder die Figur von beiden Seiten bemalen.

28 Die wütende Hexe

Als Zusatz:
Lassen Sie die Kinder mit schwarzer Farbe Hexen in verschiedenen Haltungen malen: sitzend, auf einem Besen, gebeugt, auf dem Rücken oder auf dem Bauch liegend. Die Kinder schneiden die Hexen aus und kleben Sie auf einen bunten Hintergrund.

29 Der Roboter Tobi

Als Zusatz:
Basteln Sie mit den Kindern einen 3-dimensionalen Roboter aus Schuhschachteln. Lassen Sie die Schachteln von den Kindern bemalen oder mit buntem Papier bekleben.

30 Freund und Freundin

Als Zusatz:
Geben Sie jedem Kind eine bereits ausgeschnittene Figur aus Tonpapier. Regen Sie die Kinder dazu an, die Figur „zum Leben zu erwecken". Dazu malen die Kinder Kleidungsstücke auf Stoff auf, schneiden diese aus und kleben sie auf die Figuren. Anschließend malen sie ein Gesicht, Haare etc. dazu. Dann können die Kinder mit ihren Figuren spielen und sich Geschichten ausdenken.

31 Das Totem

Als Zusatz:
Stellen Sie den Kindern in einer Schachtel bereits ausgeschnittene geometrische Formen aus Buntpapier zur Verfügung. Lassen Sie die Kinder damit frei verschiedene Totems gestalten.

32 Freunde aus aller Welt

Als Zusatz:
Basteln Sie eine Kinderschar als Leporello. Dazu schneiden Sie die Figuren-Umrisse aus einem vorher entsprechend gefalteten Papier aus.

Die Transportmittel

33 Das Segelschiff

Als Zusatz:
Gestalten Sie mit den Kindern Segelschiffe. Für den Schiffskörper eignen sich bemalte, ovale Käseschachteln, der Mast besteht aus einem Holzstäbchen und das Segel aus Stoff oder bemaltem Papier.

34 Ausflug mit dem Bus

Als Zusatz:
Sprechen Sie mit den Kindern über Werbung auf Bussen. Geben Sie den Kindern Anregungen, sich Werbungen zu bestimmten Themen zu überlegen und die Busse damit zu dekorieren.

35 Die Rakete „Apollo"

Als Zusatz:
Lassen Sie die Kinder die Erde und weitere Astronauten malen und zu der Collage hinzufügen.

36 Fliegende Maschinen

Als Zusatz:
Geben Sie jedem Kind die Anweisung, ein bestimmtes Teil (Rad, Leiter, Scheinwerfer, Motor, Propeller) zu malen und auszuschneiden. Danach werden die Teile zusammengefügt, indem die Kinder gemeinsam eine oder mehrere fliegende Maschinen erfinden.

37 Das Piratenschiff

Vor der Bearbeitung der Bastelvorlage:
Sehen Sie sich gemeinsam Bilderbücher oder Sachbücher über Piraten an. Lassen Sie jedes Kind einen Piraten malen und auf sein Piratenschiff kleben.

38 Die Ballonfahrt

Als Zusatz:
Gestalten Sie mit den Kindern eine Collage aus verschiedenen Heißluftballons. Es bietet sich an, dazu verschiedene Materialen zu verwenden: Für den Korb können Sie Kork, Stoff oder Wellpappe verwenden, für die Seile eine Schnur, Garn, Wolle oder ein Band.

Die Bastelvorlagen 1 bis 10: Die Orte

1 Der japanische Garten

- Suche dir Quadrate und Rechtecke aus und schneide sie aus.
- Klebe die Quadrate und Rechtecke auf ein Blatt Papier und lasse dabei einen Abstand zwischen ihnen.
- Verziere den Platz zwischen und um die aufgeklebten Formen.

2 Die Landschaft

- Male die Schienen, die Straße, den Tümpel und die Felder der Landschaft fertig.
- Schneide die einzelnen Teile aus und klebe sie auf, sodass eine Landschaft entsteht.

3 Die Burg

- Schneide die Teile aus und male sie an.
- Lege aus den Teilen eine oder mehrere Burgen. Klebe die Teile aber noch nicht auf.
- Klebe deine Lieblingsburg auf ein Stück Buntpapier.

4 Das Musterhaus

- Schneide das Haus und die Zusatzteile aus.
- Dekoriere die Fassade deines Hauses mit den verschiedenen Teilen. Probiere unterschiedliche Dekorationen aus.
- Wenn Dir Dein Haus gefällt, klebe die Teile auf.
- Sobald Deine Collage getrocknet ist, kannst Du das Dach und die Mauer gestalten. Du kannst dort zum Beispiel Steine, Efeu, einen blühenden Rosenbaum oder eine Kletterpflanze aufzeichnen.

5 Im Garten

- Gestalte einen Gemüsegarten. Schneide dazu die Bilder aus und klebe sie auf.
- Male die Streifen mit den Blumen und dem Gemüse fertig aus.

6 Das Prinzessinnen-Schloss

- Male die Teile an und schneide sie aus.
- Baue verschiedene Schlösser. Versuche dabei jedes Mal alle Teile zu benutzen und ordne sie unterschiedlich an.
- Klebe Dein Lieblingsschloss auf ein Blatt Papier.

7 Das Bergdorf

- Betrachte die Vorlage.
- Male die Dachziegel, die Fenster und die Bäume fertig.
- Schneide die verschiedenen Teile aus.
- Klebe die Häuser und die Bäume auf ein Blatt Papier und male die Landschaft fertig. Dafür kannst Du Dir Ideen bei der Vorlage holen.

8 Der Wald

- Male die Baumstämme mit Wachsmalkreiden aus.
- Zeichne die Blätter der Bäume mit einem dünnen Filzstift.
- Schneide die Baumstämme und die Blätter aus.
- Klebe die Teile so auf, dass daraus ein Wald entsteht.

9 Das Meer

- Klebe ein blaues Seidenpapier wellig auf einen Karton, sodass ein Relief entsteht.
- Male die einzelnen Teile an, bestreiche sie mit Klebstoff und bestreue sie mit feinem Sand. Lass sie anschließend trocknen. Schüttle die Teile vorsichtig, um den überschüssigen Sand zu entfernen.
- Schneide die mit Sand beklebten Teile aus und klebe sie auf dein blaues Meer.

10 Das Spuk-Schloss

- Schneide die Teile aus und klebe sie auf, sodass ein Spuk-Schloss entsteht.
- Male ein Blatt Papier dunkelblau an. So gestaltest du einen Nachthimmel.
- Schneide dein Schloss aus und klebe es auf deinen Nachthimmel.
- Auf ein anderes Blatt Papier kannst du mit einem schwarzen Filzstift oder mit Tusche den Umriss eines Baumes oder eine Hexe, die auf einem Besen fliegt, malen. Schneide die Teile aus und klebe sie um das Schloss herum auf.

Die Bastelvorlagen 11 bis 24: Die Tiere

11 Die eingerollte Schlange

- Male die Schlange fertig aus.
- Schneide sie entlang der schwarzen Linie aus.
- Hänge sie am Kopf oder am Schwanz mit einem Faden auf.

12 Die lange Schlange

- Sieh Dir die Vorlagen an und suche Dir eine Schlange davon aus.
- Male in deine Schlange Kästchen und dekoriere jedes Kästchen so wie auf der Vorlage.

13 Die lange Raupe

- Male deine Raupe bunt an.
- Schneide die Kästchen aus und hefte sie mit Faden, Geschenkband oder Wolle zusammen.

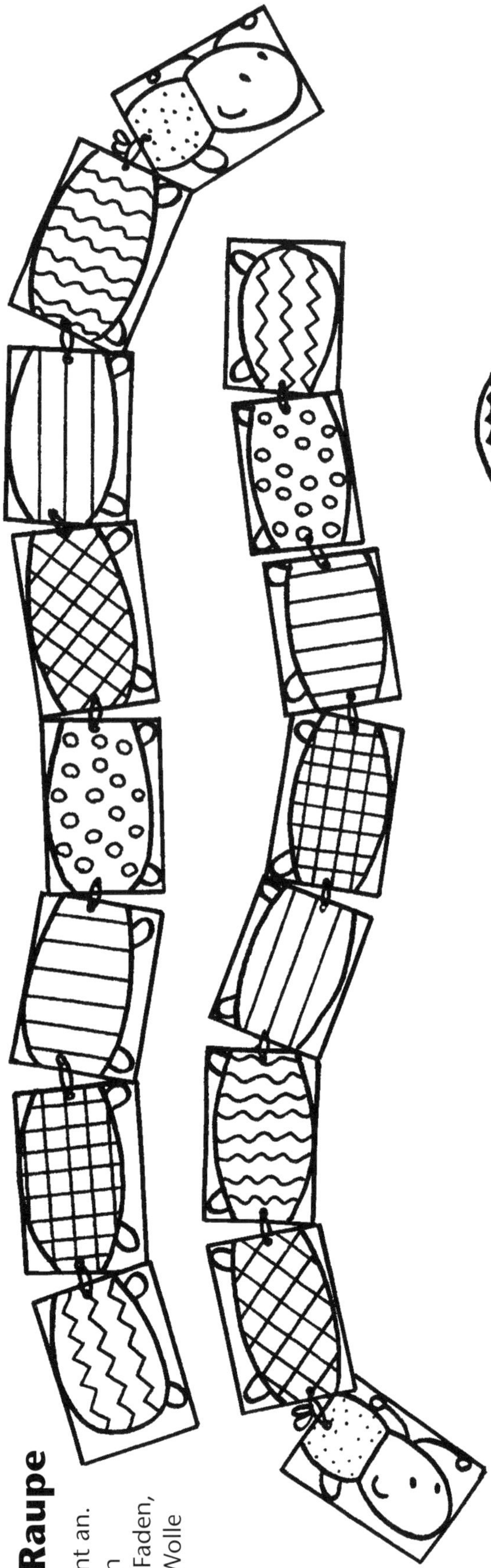

14 Die Krokodilszähne

- Male die Haut des Krokodils.
- Schneide die Zähne aus und klebe sie dem Krokodil ins Maul.

15 Das runde Schwein

- Male die verschiedenen Teile rosa an und schneide sie aus.
- Gestalte die Teile als Collage, sodass man das Schwein von vorne sehen kann.

16 Das gestreifte Zebra

- Male auf das Zebra dünne oder dicke schwarze Streifen.
- Schneide das Zebra aus und knicke es entlang der gestrichelten Linie. So kann dein Zebra auf seinen Beinen stehen.

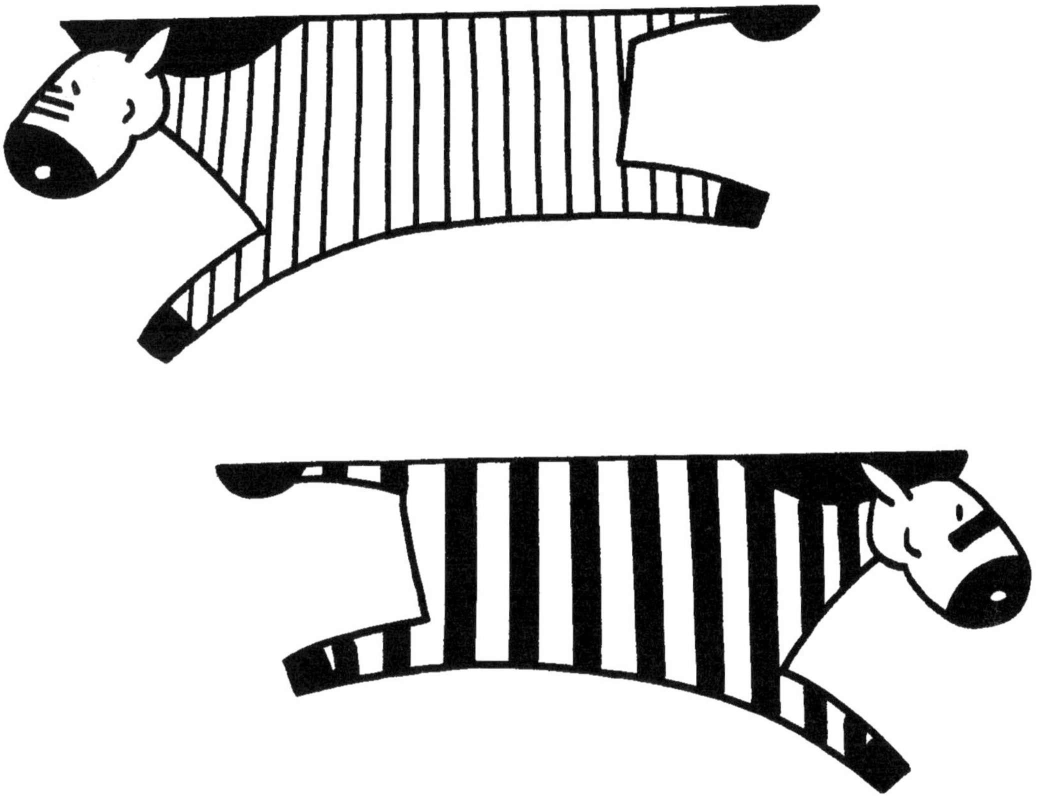

17 Die Wolken-Schafe

- Schneide die verschiedenen Teile der Schafe aus. Gestalte aus den Teilen zwei Schafe und klebe sie auf ein grünes Papier.
- Klebe Watte oder Wolle auf die Schafe.

18 Die Kuh ohne Flecken

- Male Flecken auf den Körper deiner Kuh.
- Schneide die Teile aus und klebe sie mit der Kuh als Collage auf ein Blatt Papier.

20 Die Feldmaus

- Male den Körper der Maus grau und ihre Ohren rosa an. Male das Gras aus.
- Schneide das Gras aus und klebe es auf den unteren Rand eines Blattes Papier.
- Füge die Teile der Maus zusammen und klebe sie auf.
- Wenn Deine Collage trocken ist, kannst Du der Maus Pfoten und einen Schwanz dazu malen und dein Bild zum Beispiel mit Blumen und Schmetterlingen dekorieren.

19 Das hüpfende Küken

- Male das Küken gelb und die Schale beige an. Schneide dann alle Teile aus.
- Klebe die Eierschalen wie auf der Vorlage zusammen. Bestreiche dazu die Eierschalen am Rand mit Klebstoff und achte darauf, dass du die Unterseite der Eierschalen nicht zusammenklebst.
- Klebe einen Pappstreifen an das Küken und stecke den Pappstreifen durch das Loch der Eierschale.
- Je nachdem wie du den Pappstreifen bewegst, schlüpft das Küken aus seinem Ei oder es versteckt sich.

21 Der Vogelbaum

- Male jeden Vogel mit einer anderen Farbe an und schneide die Vögel aus.
- Male auf ein Blatt Papier einen Baumstamm mit Ästen und Blättern.
- Klebe die Vögel auf den Baum.

22 Das Überraschungsei

- Schneide das Vögelchen mit geöffneten Flügeln aus.
- Knicke die Flügel entlang der Linien und schließe so die Flügel.
- Wenn das Ei geschlossen ist, kannst du es zum Beispiel wie auf der Vorlage dekorieren.

23 Der Drachen-Dino

- Sieh dir die Vorlage an.
- Schneide die Teile aus und klebe sie als Drachen-Dino wie auf der Vorlage zusammen.
- Wenn die Teile getrocknet sind, kannst du den Drachen-Dino wie auf der Vorlage anmalen.

24 Der Feuerdrache

- Male die weißen Flächen mit einer Farbe aus.
- Schneide die Teile aus und klebe sie dann zu einem Drachen wie auf der Vorlage zusammen.
- Zeichne den Rauch, der aus den Nasenlöchern des Drachens kommt und das Feuer, das aus seinem Rachen lodert.

Die Bastelvorlagen 25 bis 32: Die Personen

25 Der große lachende Clown

- Male die Kleider des Clowns mit Wachskreiden farbig an und verziere sie. Zeichne danach mit Tusche Muster auf seine Kleidung.
- Male die Füße, die Hände und den Kopf des Clowns an und schneide sie aus.
- Sieh dir die Vorlage genau an und klebe den Clown auf ein Papier.

26 Die Akrobaten

- Schneide die Akrobaten aus.
- Setze eine oder mehrer Akrobatik-Pyramiden zusammen.
- Wähle Deine Lieblings-Figur aus und klebe sie auf ein Blatt Papier.

27 Mann und Frau

- Male die Gesichter und die Haare der Figuren.
- Verziere ihre Kleider.
- Schneide die Figuren aus und falte sie in der Mitte zusammen.
- Klebe ein Holzstäbchen auf die Innenseite der Figuren. So kannst du eine Handpuppe aus den Figuren basteln.

28 Die wütende Hexe

- Verziere das Kleid und den Hut der Hexe. Du kannst Spinnen, Kröten, Schlangen und Schnecken darauf malen.
- Schneide die Teile aus und klebe sie zu einer Hexe zusammen.
- Male in die eine Hand der Hexe einen Besen und in die andere eine Ratte, die die Hexe am Schwanz festhält.

29 Der Roboter Tobi

- Schneide die Teile aus, die in der Figur noch fehlen.
- Wähle die Teile aus und klebe sie auf den Roboter, sodass er keine weißen Stellen mehr auf seinem Körper hat.

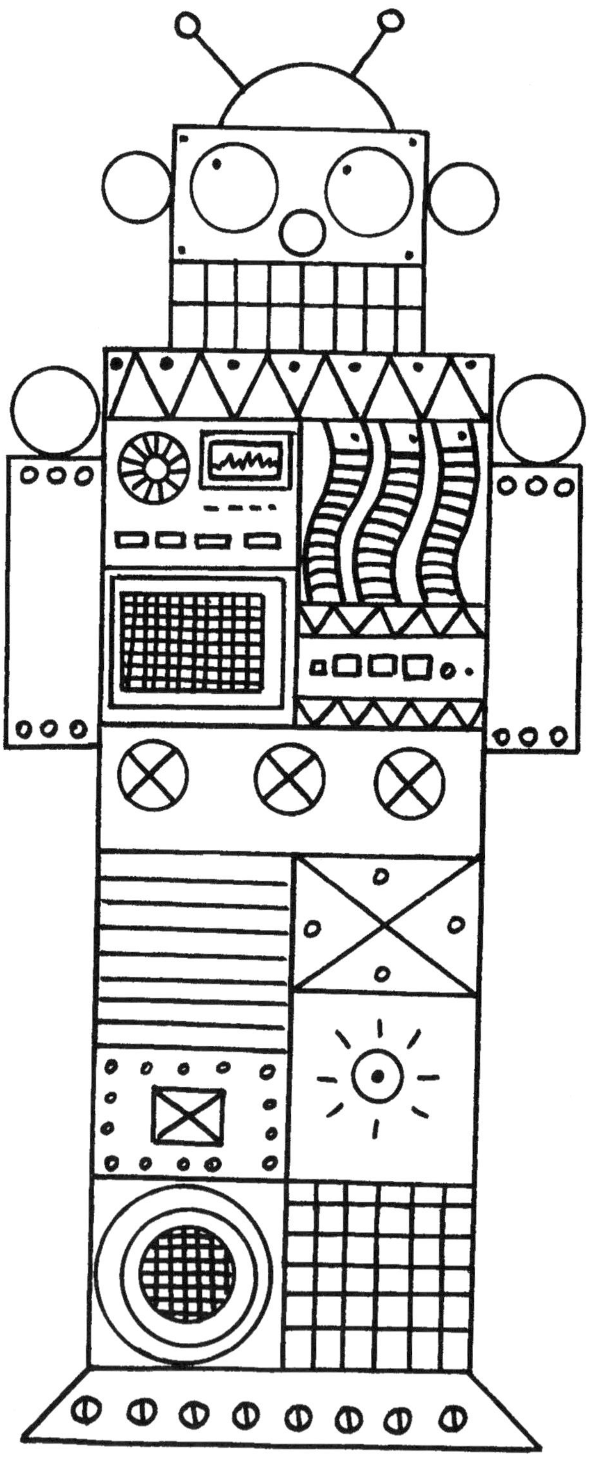

30 Freund und Freundin

- Schneide die Köpfe, die Körper und die Füße aus.
- Setze sie zusammen und gestalte daraus einen Jungen und ein Mädchen. Probiere verschiedene Möglichkeiten aus.
- Klebe die endgültige Kombination auf ein Blatt Papier.
- Wenn die Teile getrocknet sind, kannst du ihre Kleider verzieren und Accessoires hinzufügen, wie zum Beispiel Blumen in das Haar des Mädchens, eine Schirmmütze, einen Hut, eine Handtasche usw.

31 Das Totem

- Male mit einem schwarzen Filzstift gleiche Formen gleich aus.
- Schneide die Teile aus und lege damit verschiedene Totems.
- Klebe Dein Lieblings-Totem auf ein Stück Papier.

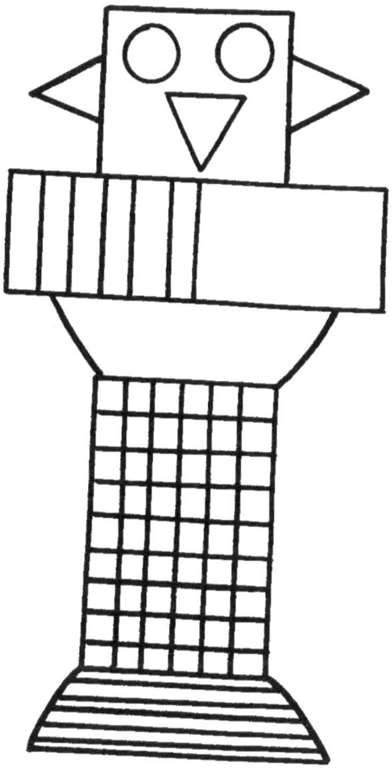

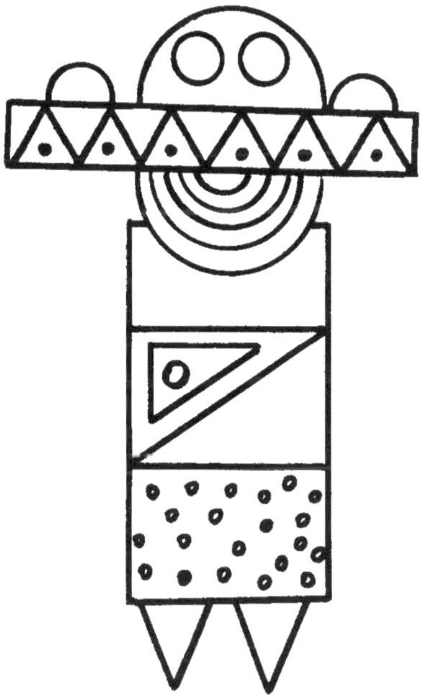

32 Freunde aus aller Welt

- Male mit bunten Filzstiften die Gesichter der Figuren und verziere ihre Kleider.
- Schneide die drei Streifen mit den Figuren aus.
- Klebe die Streifen aneinander, um daraus ein Leporello zu machen.

Die Bastelvorlagen 33 bis 38: Die Transportmittel

33 Das Segelschiff

- Sieh dir die Vorlage an.
- Male Wellen auf ein Papier.
- Verziere das Segel und den Schiffskörper wie auf der Vorlage.
- Schneide die Teile aus und klebe sie als Segelschiff auf die Wellen.

34 Ausflug mit dem Bus

- Schneide die beiden Bushälften aus.
- Klebe sie auf einem Papier zu einem Bus zusammen.
- Klebe die Räder und die Personen auf den Bus.
- Wenn dein Bus trocken ist, kannst du ihn lustig verzieren.

35 Die Rakete „Apollo"

- Schneide alle Teile der Rakete und den Kosmonauten aus.
- Gestalte die Rakete als Collage auf einem großen Blatt Papier.
- Befestige den Kosmonauten mit einem Faden an der Rakete, die du auf das Blatt klebst. Male einen Mond dazu.

36 Fliegende Maschinen

- Schneide die Teile aus und lege sie auf den Tisch.
- Sieh dir die Vorlagen an und lege die Teile zu fliegenden Maschinen zusammen.
- Erfinde nun selbst eine fliegende Maschine und klebe sie auf ein Papier.

37 Das Piratenschiff

- Schneide die Teile aus.
- Sieh Dir die Vorlage an und klebe die Teile so auf, dass ein Piratenschiff wie auf der Vorlage entsteht.
- Wenn die Collage trocken ist, kannst du den Kapitän und das Meer rund um das Schiff zeichnen.
- Du kannst auch ein anderes Piratenschiff daneben malen.

38 Die Ballonfahrt

- Male den Korb des Heißluftballons im Schachbrettmuster wie auf der Vorlage an.
- Verziere den Ballon und male die Berge aus.
- Schneide alle Teile aus und klebe sie auf ein himmelblaues Papier.
- Wenn der Heißluftballon trocken ist, kannst Du Passagiere in den Korb malen.

Der japanische Garten

1

2

Die Landschaft

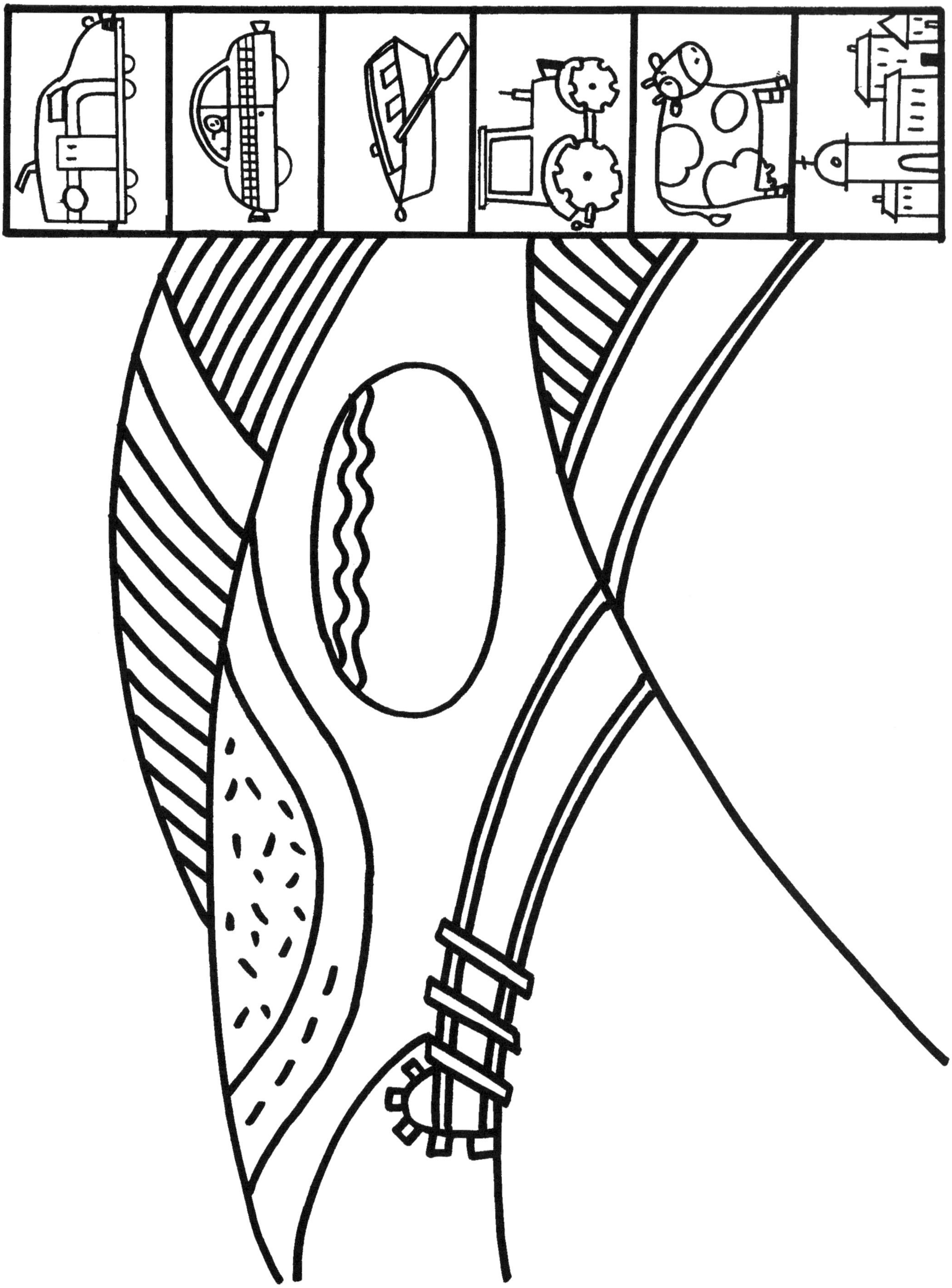

Die Burg

3

4 Das Musterhaus

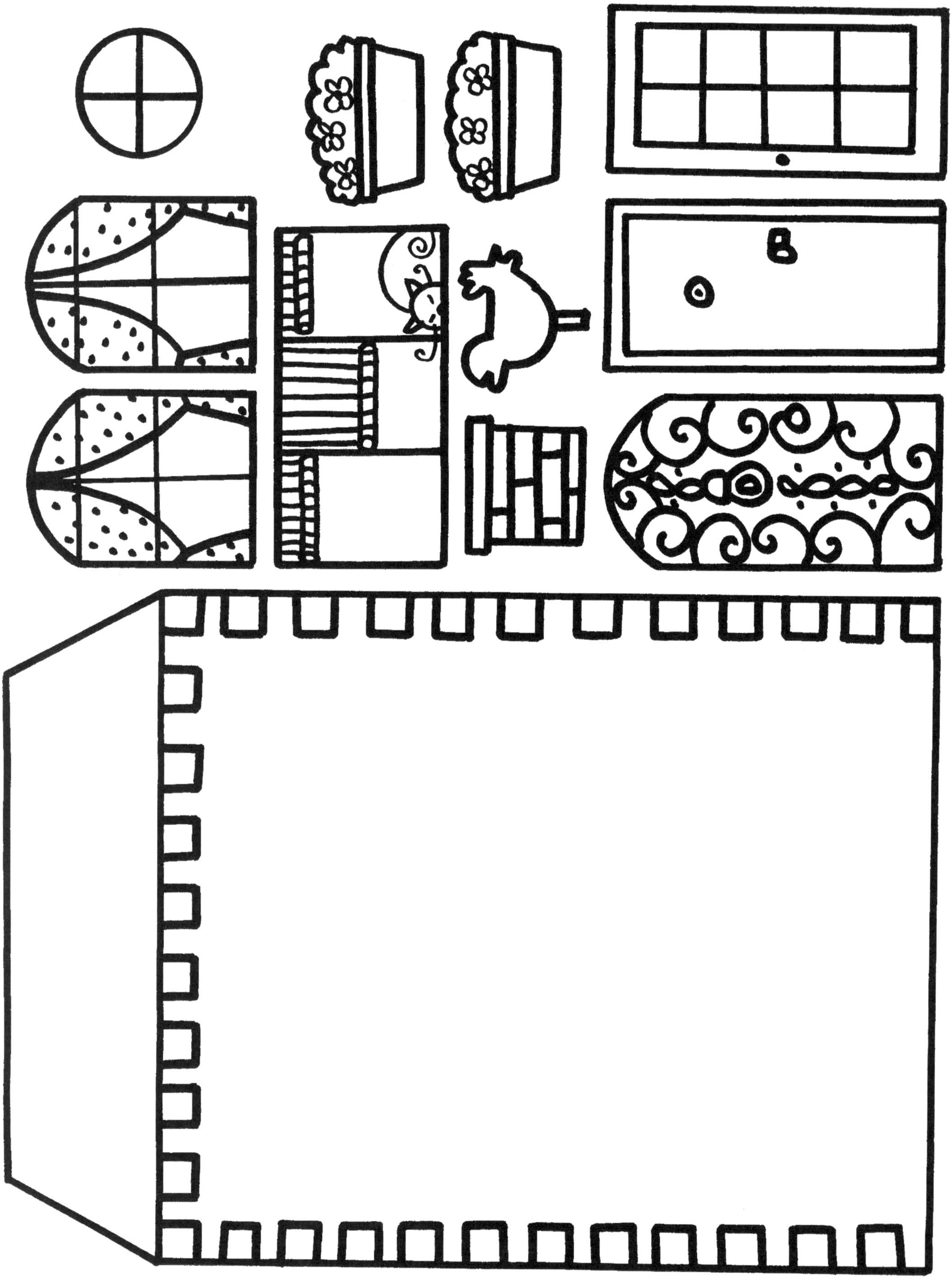

Im Garten 5

6 Das Prinzessinen-Schloss

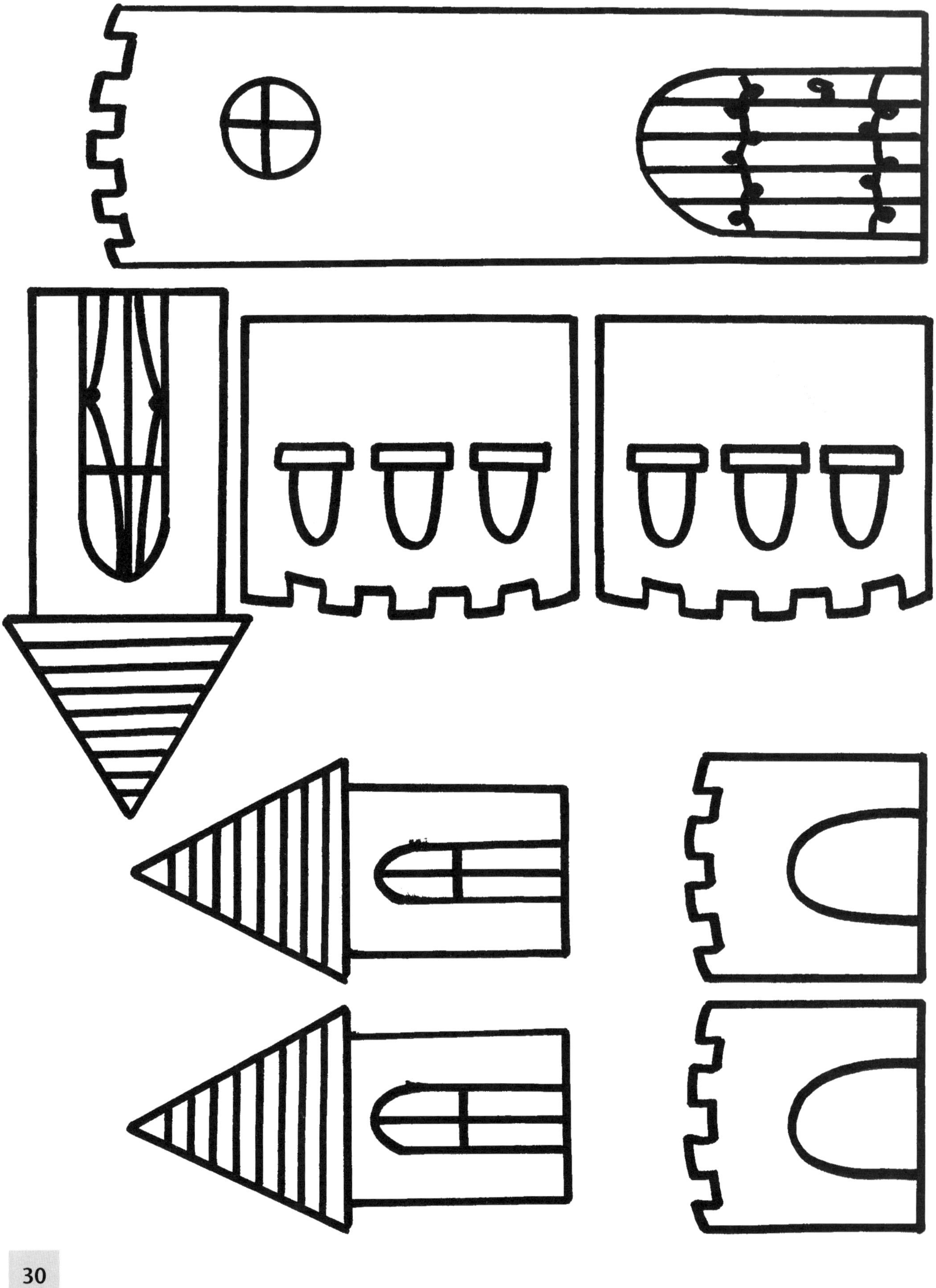

Das Bergdorf 7

8 Der Wald

10 Das Spuk-Schloss

Das Spuk-Schloss 10

11 Die eingerollte Schlange

Die lange Schlange

13 Die lange Raupe

Die Krokodilszähne 14

15 Das runde Schwein

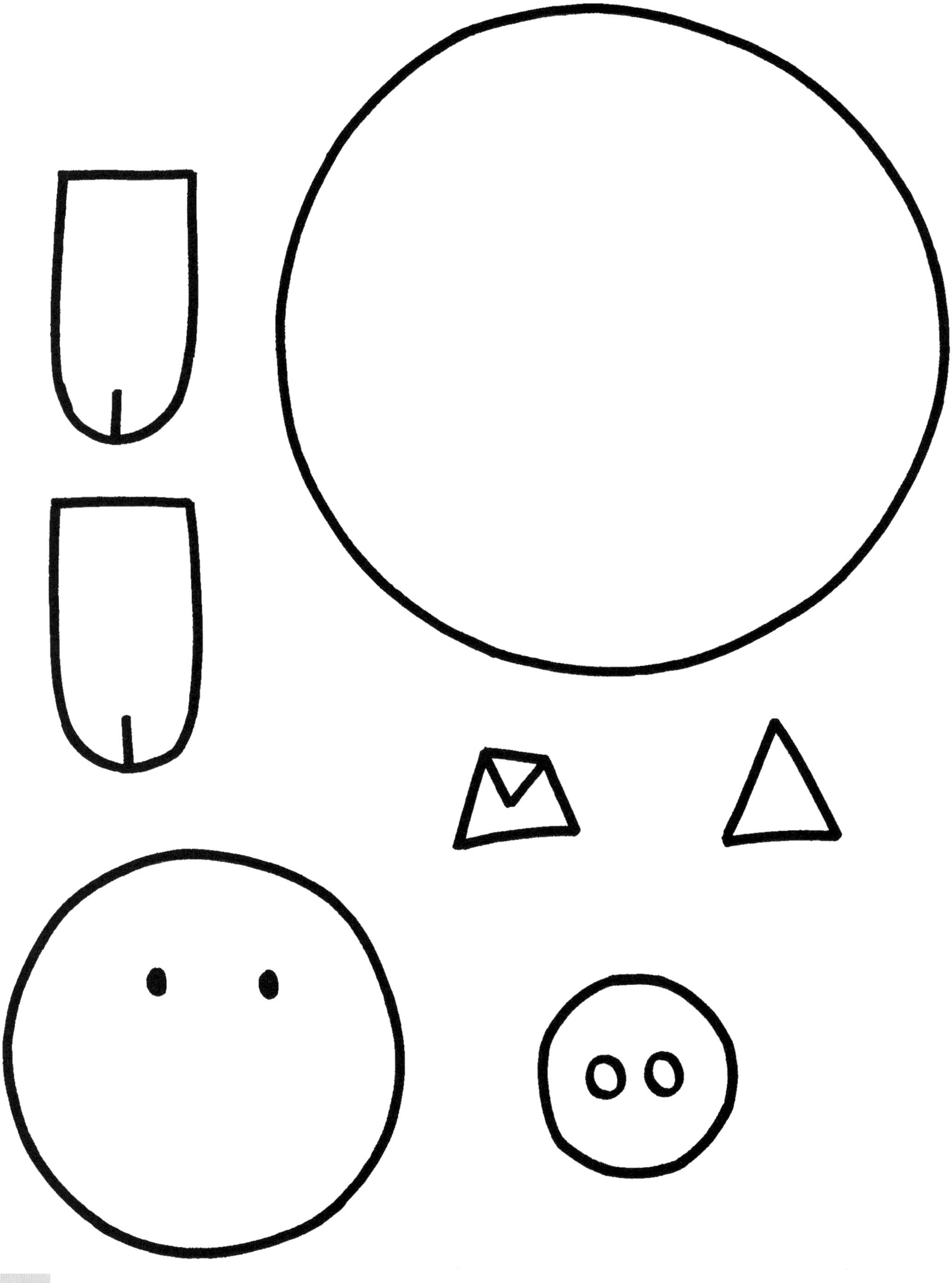

Das gestreifte Zebra 16

17 Die Wolken-Schafe

Die Kuh ohne Flecken 18

19 Das hüpfende Küken

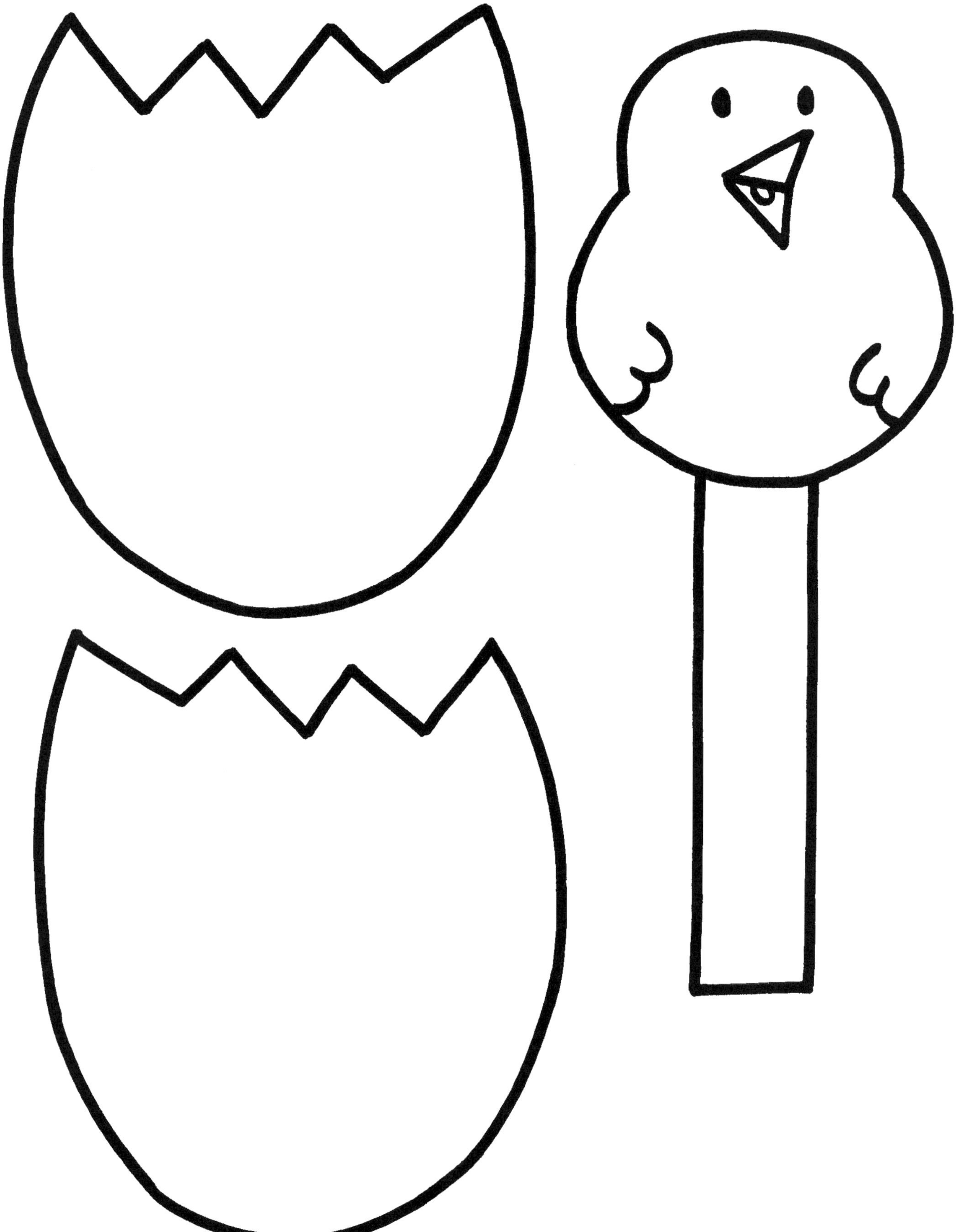

Die Feldmaus

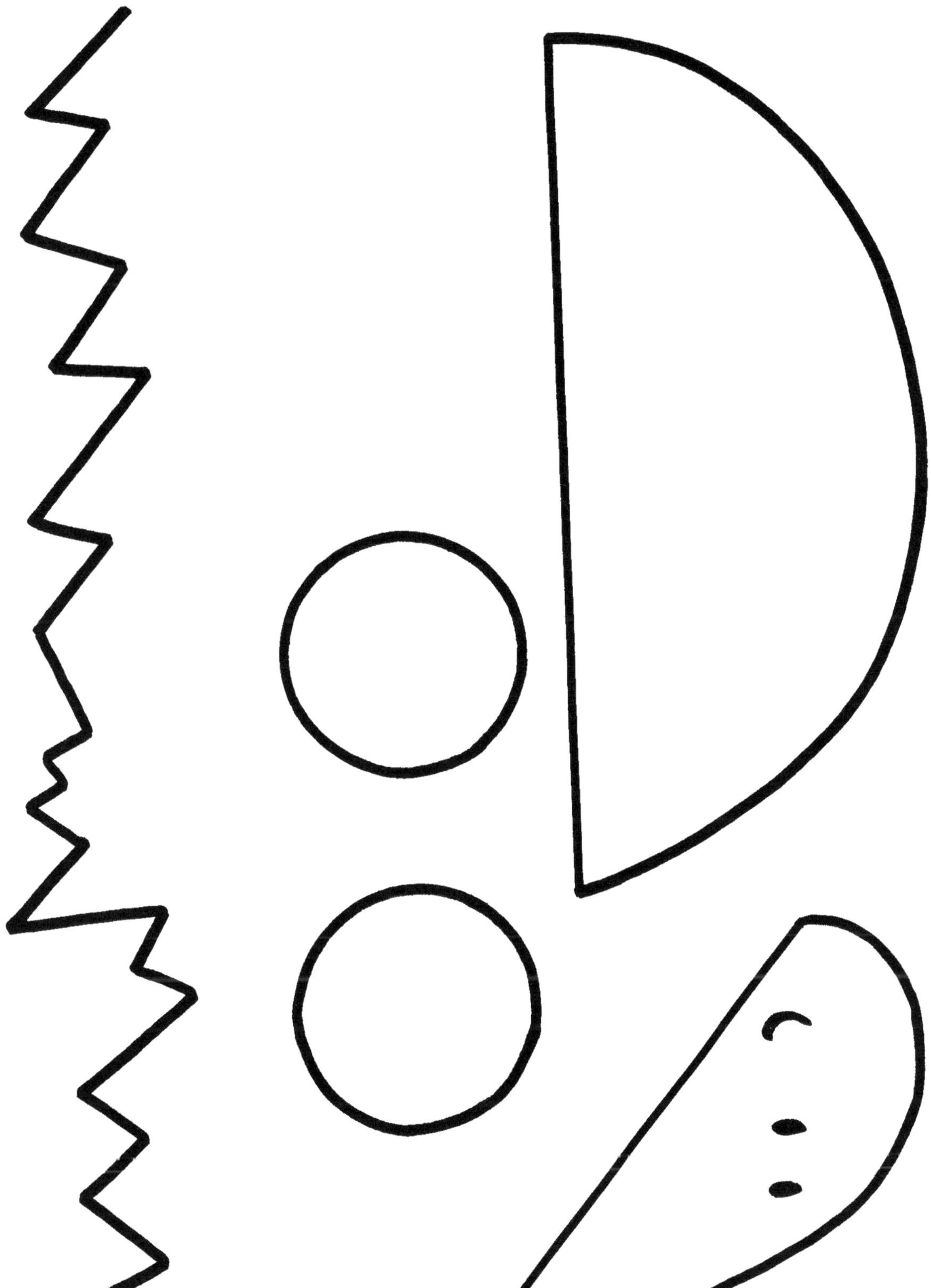

21 Der Vogelbaum

Das Überraschungsei 22

23 Der Drachen-Dino

Der Feuerdrache 24

25 Der große lachende Clown

Der große lachende Clown 25

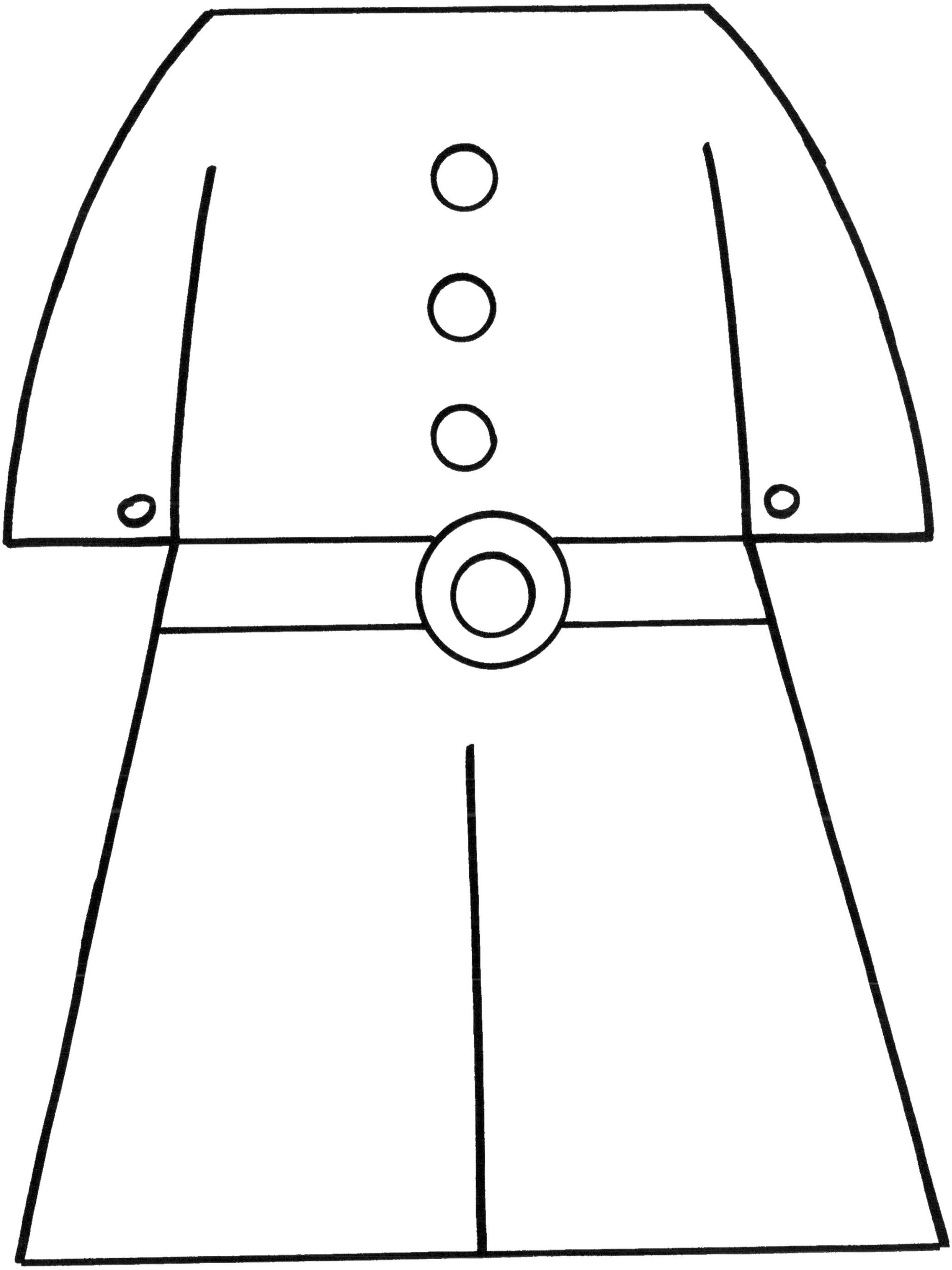

26 Die Akrobaten

Mann und Frau 27

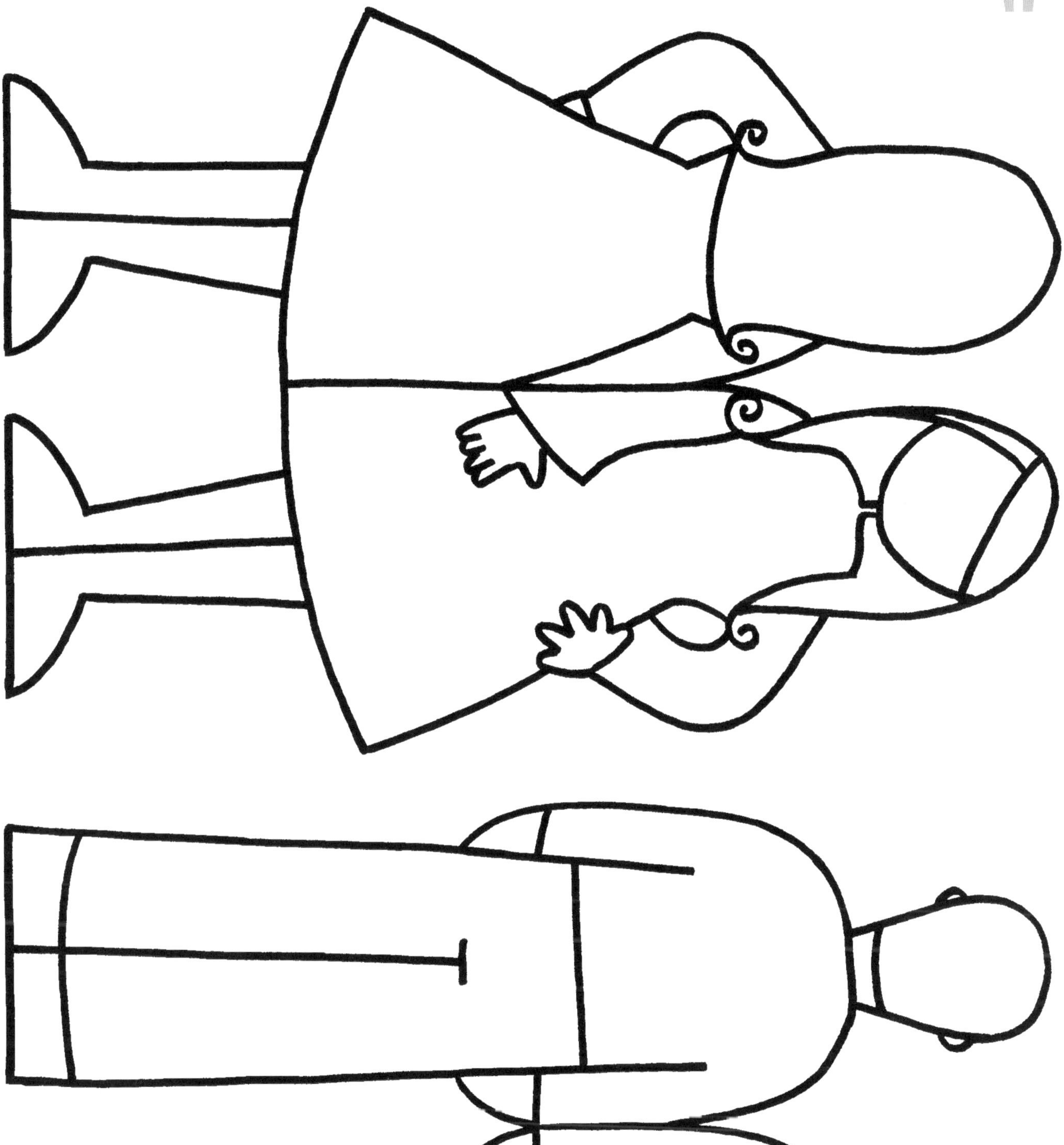

28 Die wütende Hexe

Der Roboter Tobi 29

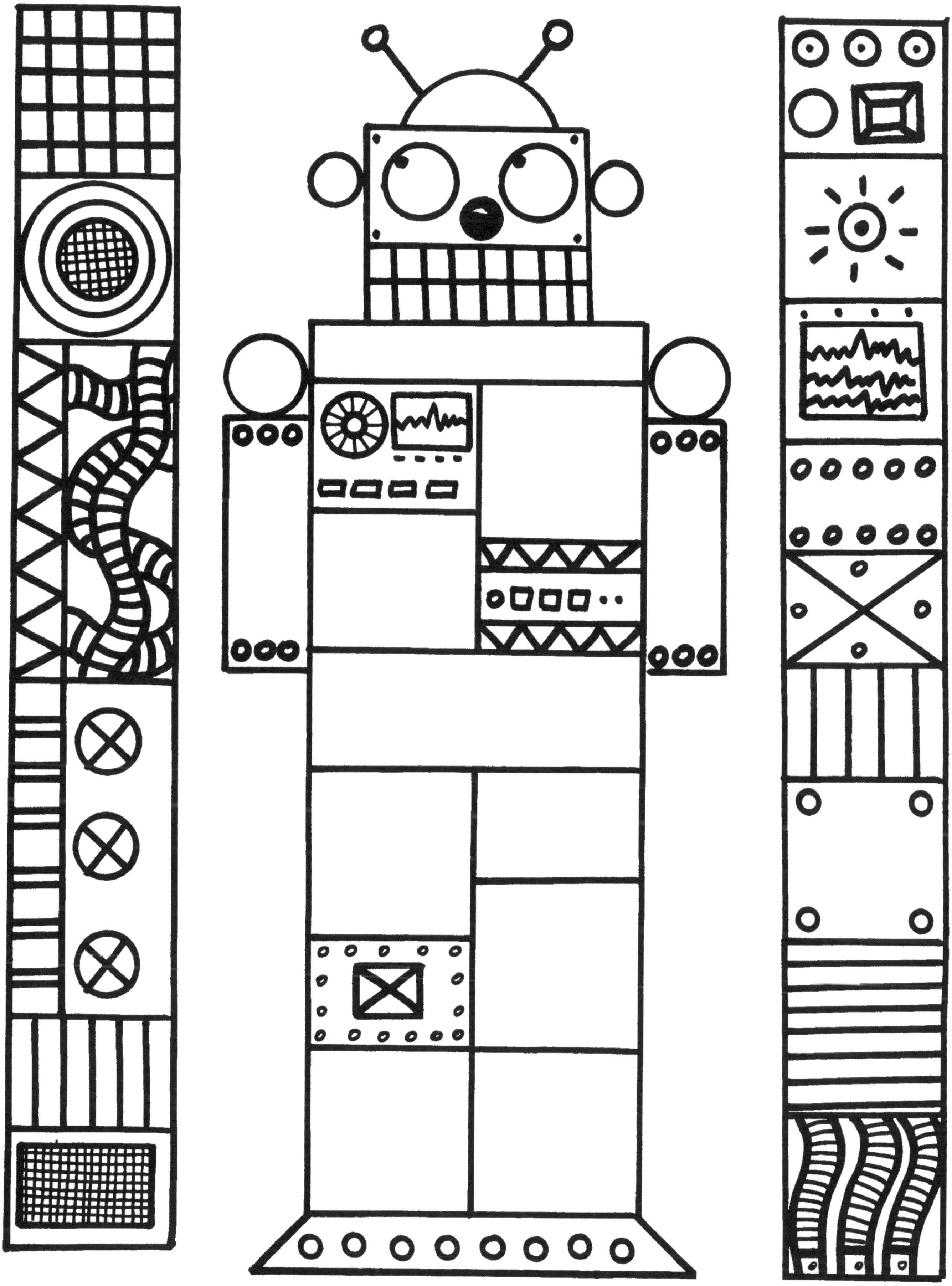

30 Freund und Freundin

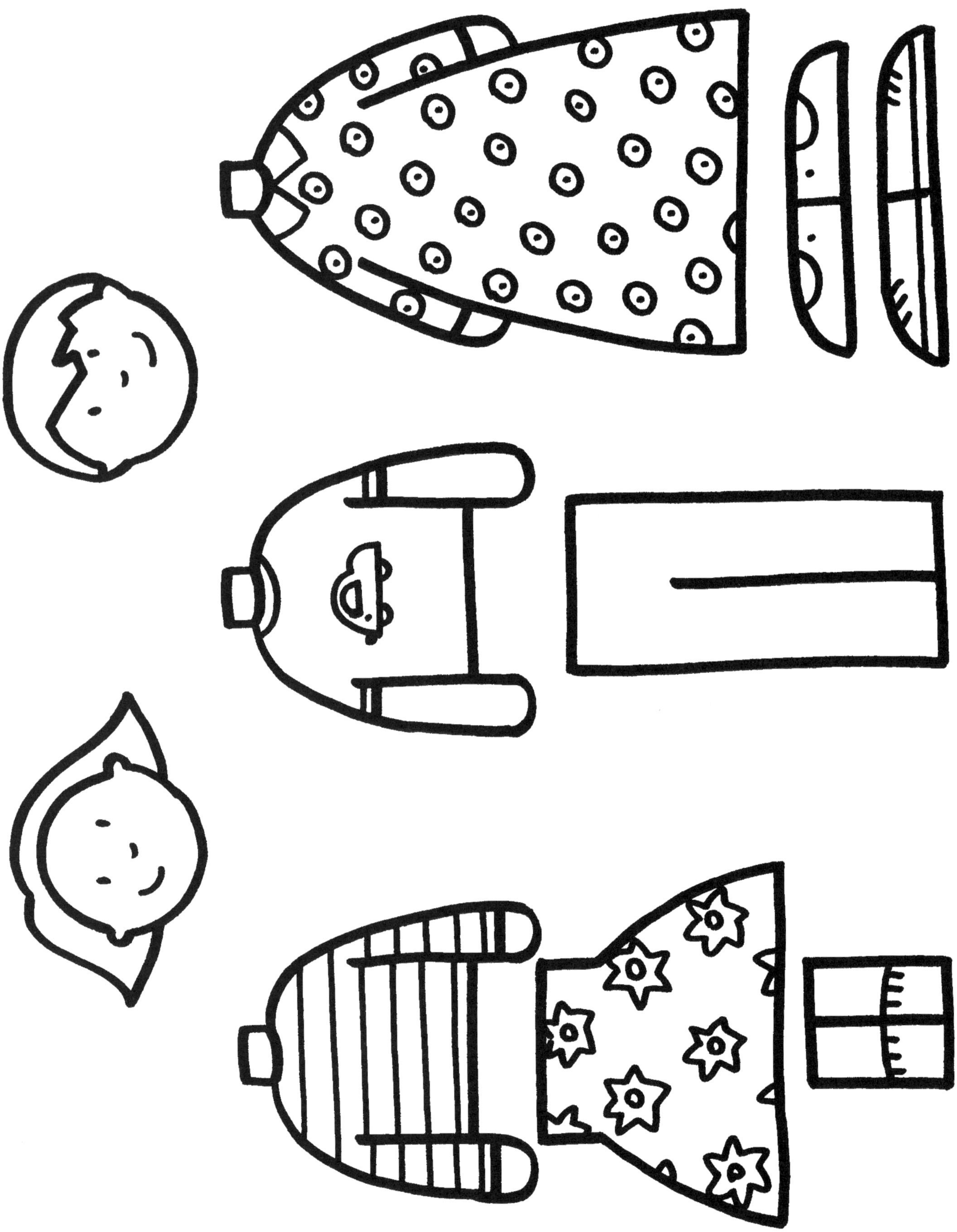

Das Totem 31

32 Freunde aus aller Welt

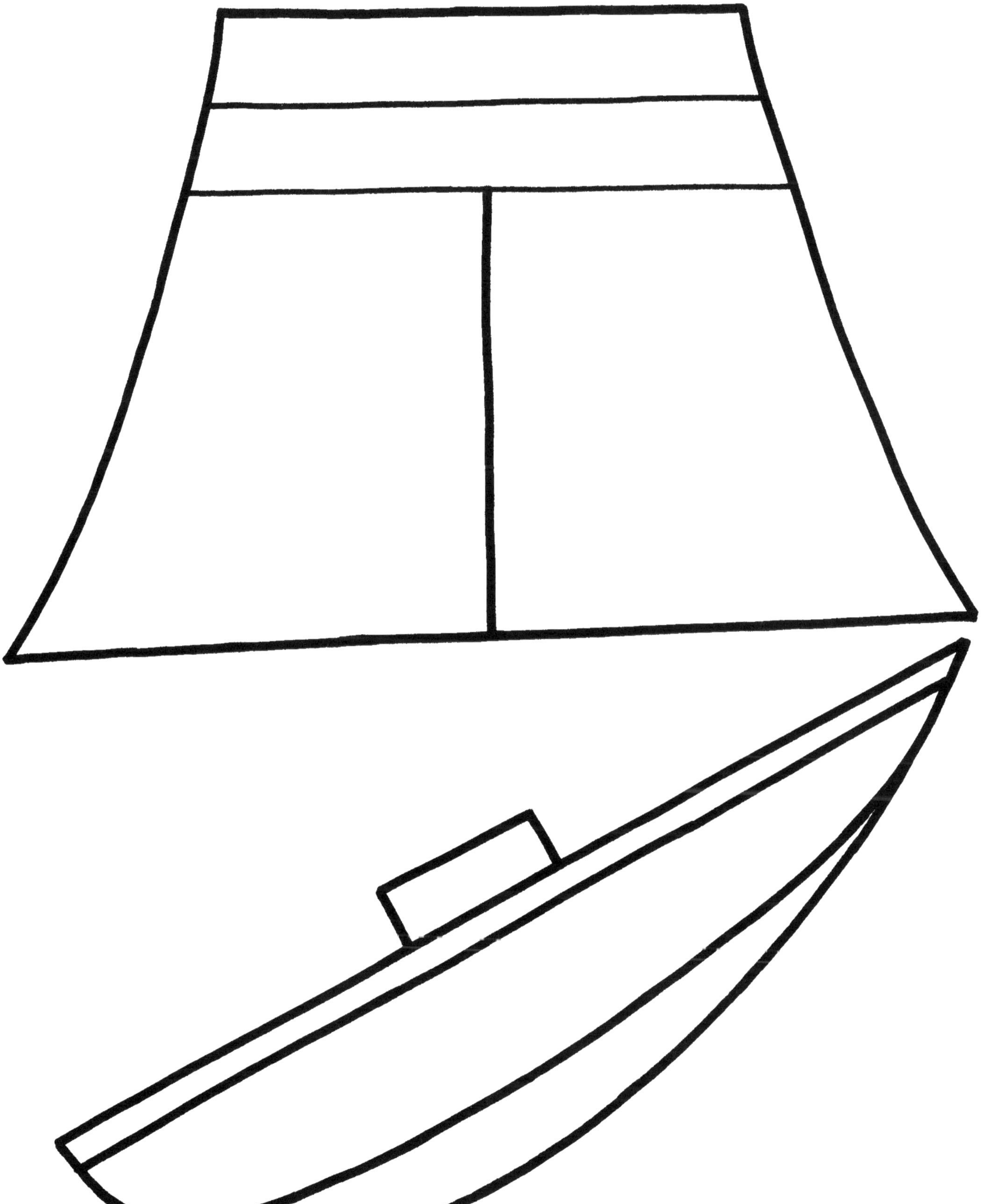

34 Ausflug mit dem Bus

Die Rakete „Apollo“ 35

36 Fliegende Maschinen

Das Piratenschiff

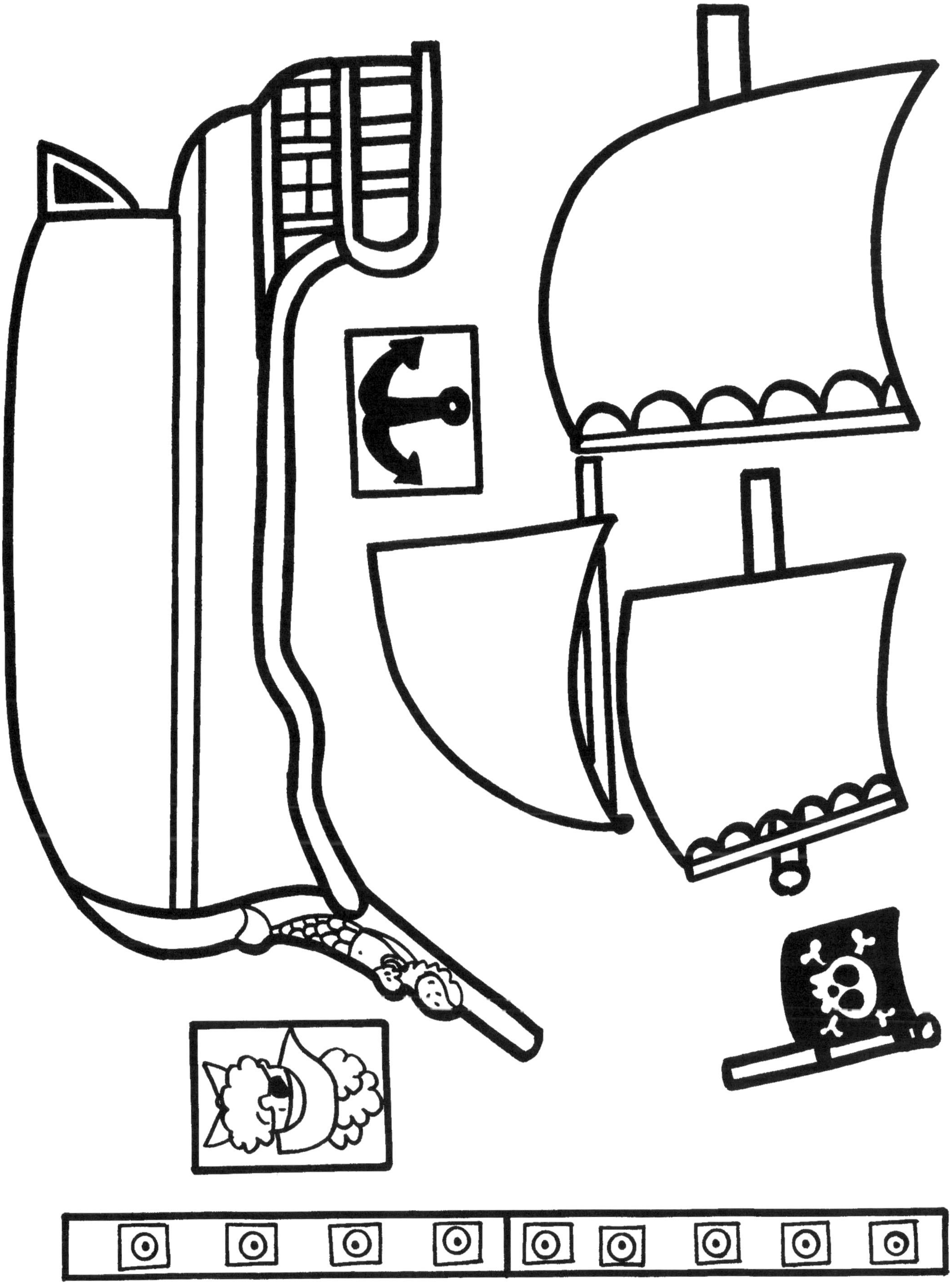

38 Die Ballonfahrt